서울 시

중앙books

작가 소 개

작가의 말

목차

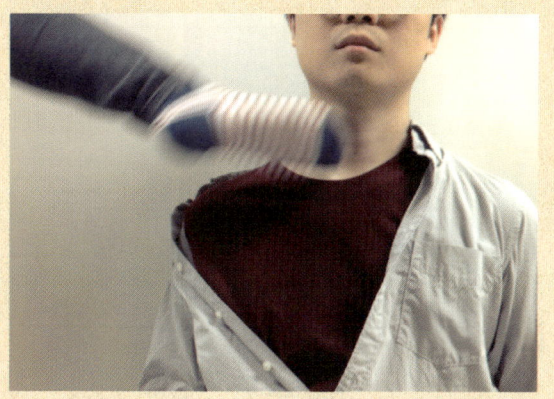

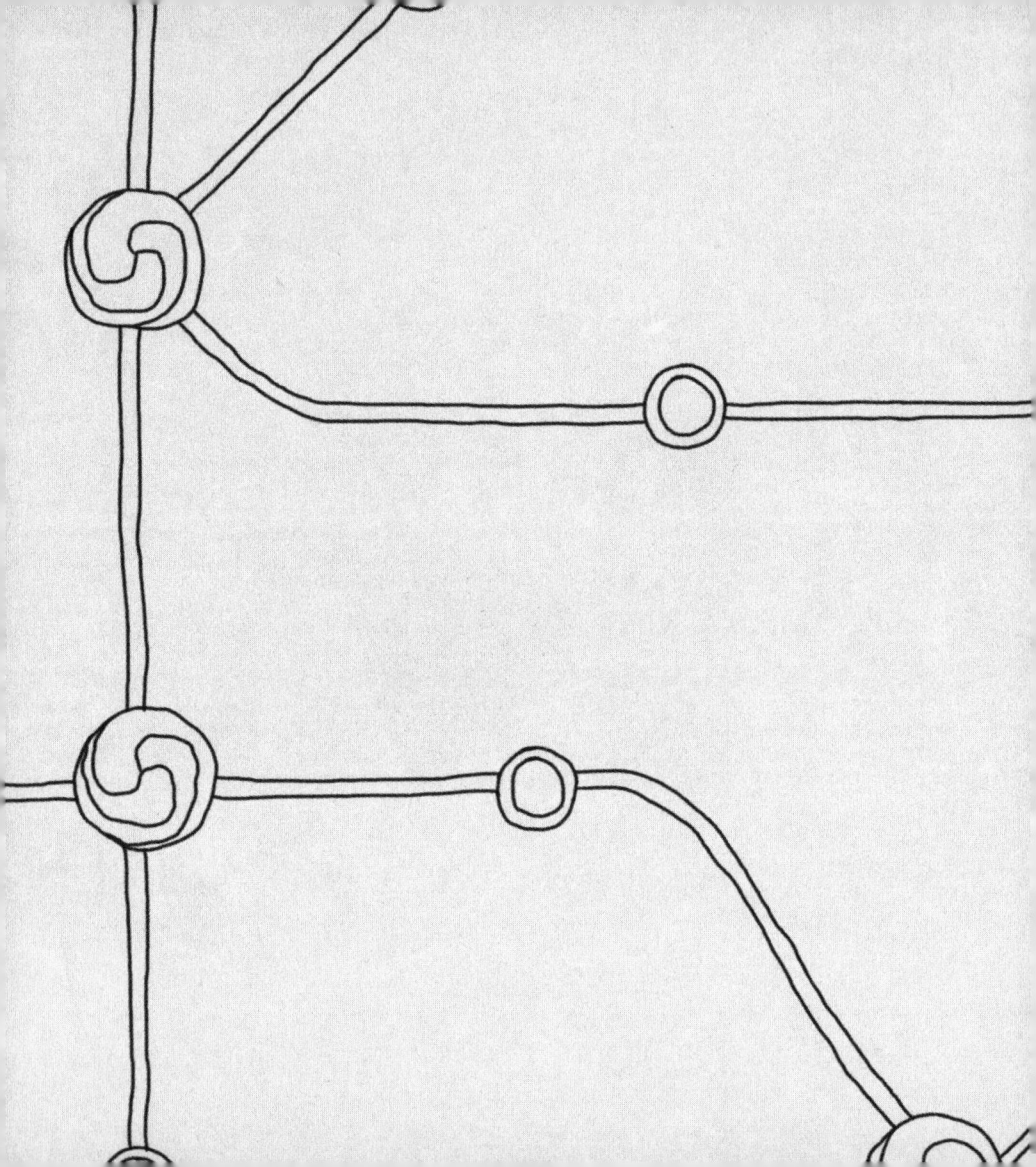

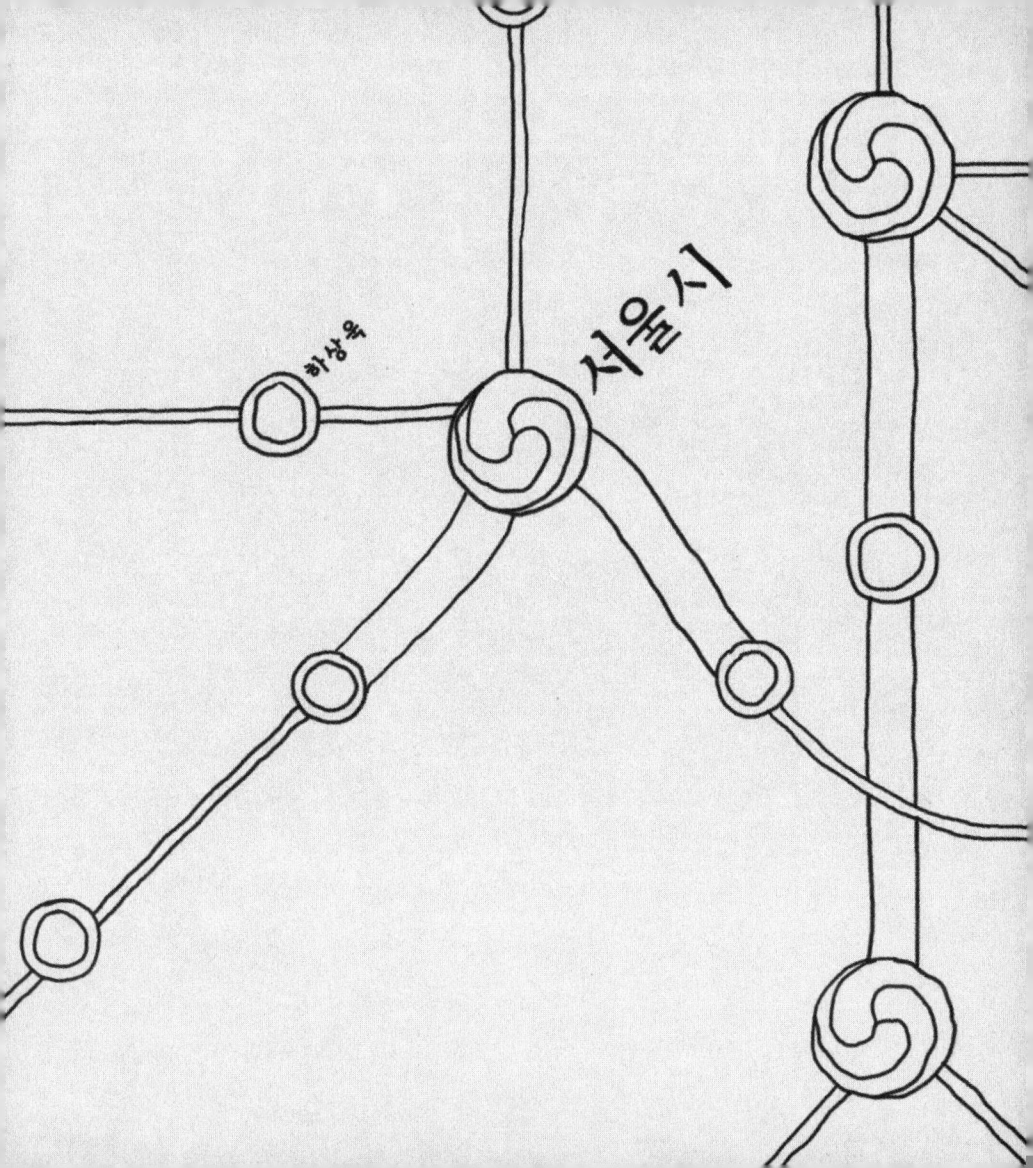

서로가
소홀했는데

덕분에
소식듣게돼

-하상욱 단편 시집 '애니팡' 中에서-

-뭐뭐 中에서-

나와 당신의 삶과 경험의 교집합을 찾는 글.
그렇기 때문에 서울 시는 언제나 '뭐뭐 中에서'예요.

당신의 인생을 인용해야만 글이 시작되기 때문에.
당신의 경험을 대입해야만 글이 완성되기 때문에.

시인의 특별한 감성을 느끼는 글이 아닌
당신의 평범한 감성을 꺼내는 글이 서울 시예요.
서울에서 사는 보통 사람들이 시도 때도 없이
스치듯 느끼는 일상적인 흔한 감정들에
그저 제목을 붙인 짧은 글이에요.

서울 시에 공감하셨나요?

그렇다면 당신과 나의 삶 사이에
'평범함'이라는 교집합이 있다는 뜻이에요.

혹시
저아세요?

정말
모르세요?

- 하상욱 단편시집 '스타병' 中에서 -

끝이
어딜까

너의
잠재력

-하상욱 단편 시집 '다 쓴 치약' 中에서-

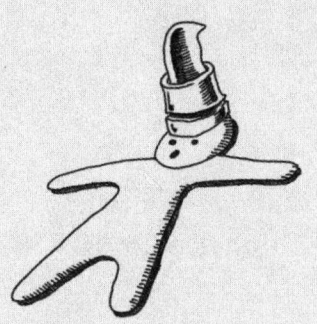

바빴다는건

이유였을까

핑계였을까

-하상욱 단편 시집 '헬스장' 中에서-

정해진
이별

새로운
시작

-하상욱 단편 시집 '2년약정' 中에서-

내가 타이거JK도 아닌데

미래만 생각하며 살 필요 있나

드래곤플라이트 1등은 간단해요.

나보다 점수 높은 친구를 삭제하면 되죠.

짧은
순간

많은
생각

- 하상욱 단편 시집 '모르는 번호' 中에서

매일
널 꿈꾸고

매일
널 외면해

-하상욱 단편 시집 '퇴사' 中에서-

옮겨

봐야

그게

그거

- 하상욱 단편 시집 '마트 계산 줄' 中에서 -

〈주말이 짧게 느껴지는 과학적 근거〉

평일: 월화수목금
주말: 토일

실제로 짧다

월화수목금
토일

고민
하게돼

우리
둘사이

-하상욱 단편 시집 '축의금' 中에서-

너의
한마디

나는
강해져

- 하상욱 단편 시집 '오빠' 中에서 -

딱
그 일만 없었으면

딱
그 일만 있었으면

- 하상욱 단편 시집 '1분 지각' 中에서 -

뭐가
어때서

누가
본다고

-하상욱 단편시집 '내복' 中에서-

차라리
이젠

마음이
편해

- 하상욱 단편 시집 '어차피 지각' 中에서 -

행동
하기에도

외면
하기에도

- 하상욱 단편 시집 '애매한 자리양보' 中에서 -

정말 어렵게 부탁하는 거야.

나도 어렵게 거절하는 거야.

이걸로 스트레스 좀 푸세요.

추억만큼

값진

끝이라는

기쁨

- 하상욱 단편 시집 '워크샵' 中에서 -

태양을
피할 순 있지만

당신을
피할 순 없겠지

- 하상욱 단편 시집 '월요일' 中에서 -

현실을 피해 도망갔더니

현실을 피해 도망간 곳의 현실이 딿!

이렇게
멀었던가

이렇게
힘들었나

-하상욱 단편 시집 '지하철복통' 中에서-

뭐가

뭔지

- 하상욱 단편 시집 '연말정산' 中에서 -

제발
사라져

그녀
곁에서

- 하상욱 단편 시집 '교회오빠' 中에서 -

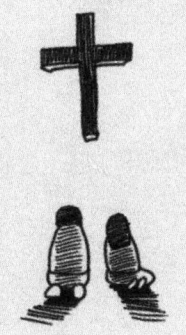

솔직히 제 여친 외모는 약간 아쉬워요.

김태희와 비교할 때
몇 가지 부족한 부분이 눈에 보여요.

이쁜 여자가
좋아

그래서 니가
좋아

-하상욱 단편 시집 '보고있나여친' 中에서-

나는
했는데

너는
몰랐네

- 하상욱 단편 시집 '밀당' 中에서 -

'이성적인 남자'말고

'이 성적인 남자'가 되고 싶지만...

저는 실물이 훨씬 낫습니다.

실제로 보면 더 작아요.

성인이 된다는 건

해도 되는 일들이 많아진다는 것이고,
용서받지 못하는 일도 많아진다는 것.

연애를 한다는 건

사랑하는 사람이 한 명 생긴다는 것이고,
사랑해선 안 되는 사람이 수없이 생긴다는 것.

〈목차 제작 과정 극히 일부 공개〉

다른척
애쓰지마

내눈엔
같아보여

- 하상욱 단편 시집 '생수' 中에서 -

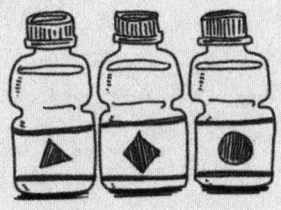

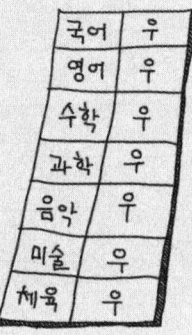

잘하는
것도

못하는
것도

- 하상욱 단편 시집 '김밥천국' 中에서 -

그냥
믿어줘

그냥
보내줘

-하상욱 단편 시집 '회식자리' 中에서-

좋은 소리
무책임하게

싫은 소리
책임감있게

점점
커지는

너의
빈자리

- 하상욱 단편 시집 '탈모' 中에서 -

이젠

니가

싫어

- 하상욱 단편 시집 '눈' 中에서-

다시
일어나

주저
앉지마

- 하상욱 단편 시집 '취객' 中에서-

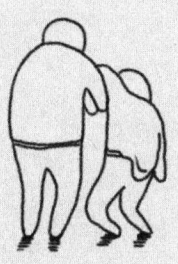

진짜?

벌써?

- 하상욱 단편 시집 '남들 제대' 中에서-

나만
이런걸까

다들
즐거울까

- 하상욱 단편 시집 '불금' 中에서 -

돈을 잃는 것은 조금 잃는 것이고

건강을 잃는 것은 돈이 더 많이 들어요.

온
종일

니
걱정

- 하상욱 단편 시집 '주식' 中에서 -

<u>보고</u>

<u>또</u>

<u>보고</u>

- 하상욱 단편 시집 '합격자 발표' 中에서-

^O^

T-T

^O^

T-T

- 하상욱 단편 시집 '주식' 中에서 -

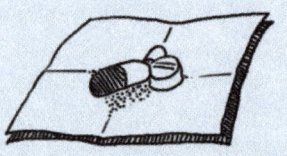

전에는
약이 쓰면 못 먹었다.

이제는
약이 달면 못 믿겠다.

지나고
나면

별것도
아닌

- 하상욱 단편 시집 '유행' 中에서-

억압을
벗어나

자유를
선택해

- 하상욱 단편 시집 '사각팬티' 中에서 -

알고
보면

다들
딱히

- 하상욱 단편 시집 '불금' 中에서-

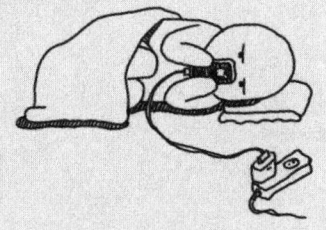

계속

너만

보여

- 하상욱 단편 시집 '살짝 찍힌 부분' 中에서 -

지켜
준다더니

아껴
준다더니

- 하상욱 단편 시집 '개인정보' 中에서 -

진짜 시를 읽으면 "캬"

서울 시를 읽으면 "ㅋ"

원하는 건
가져가

꿈꾸는 건
방해마

-하상욱 단편 시집 '모스키토' 中에서-

잘못된
선택

뒤늦은
후회

- 하상욱 단편 시집 '내 앞 자리만 안 내림' 中에서 -

삶을 향한
너의 집념

너를 향한
나의 박수

-하상욱 단편 시집 '죽어라 이 모기 새끼야' 中에서-

바꾸려고
애쓰지마

다를거라
기대도마

- 하상욱 단편 시집 '프로필 사진' 中에서 -

일요일이 된 순간

월요일이 온 느낌

넌,
필요할 때는 내 곁에 없어.

넌,
바쁠 때만 날 괴롭히지.

- 하상욱 단편 시집 '잠' 中에서 -

나의 진짜 모습.

너의 진짜 모습.

사라졌어.

- 하상욱 단편 시집 '포토샵' 中에서 -

알콩달콩
좋아보여

재밌게도
사는구나

- 하상욱 단편 시집 '옆사람 카톡' 中에서 -

하고 싶은 말을 다 하면
후련하다가 찝찝해지고

하고 싶은 말을 안 하면
답답하다가 잘했다싶고

안 자고 무슨 생각해?

잘 생각.

오늘은 기분이 별로네.

기분 탓인가?

생각의
차이일까

오해의
문제일까

- 하상욱 단편시집 '미용실' 中에서 -

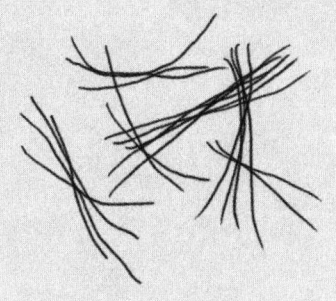

어려운 일도
아닌데

괜한 자존심
때문에

-하상욱 단편 시집 '[좋아요]' 中에서-

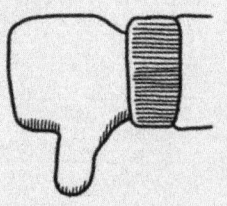

싸이월드엔 굴욕 사진이 있고

트위터엔 정부 비판 글이 있고

페이스북엔 허세가 있고

카카오 스토리엔 친척들이 있고

놀면 뭐하나

재밌겠지

다
잊고싶은데

더
또렷해지네

-하상욱 단편 시집 '스포일러' 中에서-

가끔씩
깨닫는

너라는
고마움

-하상욱 단편 시집 '재부팅' 中에서-

희망

고문

-하상욱 단편 시집 '지하철 와이파이' 中에서-

너인줄
알았는데

너라면
좋았을걸

-하상욱 단편 시집 '금요일 같은데 목요일' 中에서-

내가
다른걸까

내가
속은걸까

-하상욱 단편 시집 '맛집' 中에서-

두근

두근

두근

두근

- 하상욱 단편 시집 '빈속에 커피' 中에서 -

나한테
니가

해준게
뭔데

-하상욱 단편 시집 '수수료' 中에서-

왜
하필 이곳에

왜
하필 당신이

- 하상욱 단편 시집 '같은 옷' 中에서 -

나이 많으신 남자분이 광팬이라고 하시는데,

그러면 그분은 형광펜.

얼마 전까지
넌 정말 차가웠지.

하지만 요즘
넌 많이 달라졌지.

- 하상욱 단편 시집 '선풍기바람' 中에서 -

걱정
접어둬

내가
있잖아

-하상욱 단편시집 '무이자할부' 中에서-

니 능력은
알지만

이 세상이
변했어

- 하상욱 단편 시집 '선풍기' 中에서 -

늘고마운
당신인데

바보처럼
짜증내요

-하상욱 단편 시집 '알람' 中에서-

〈서울 시 탄생 과정〉

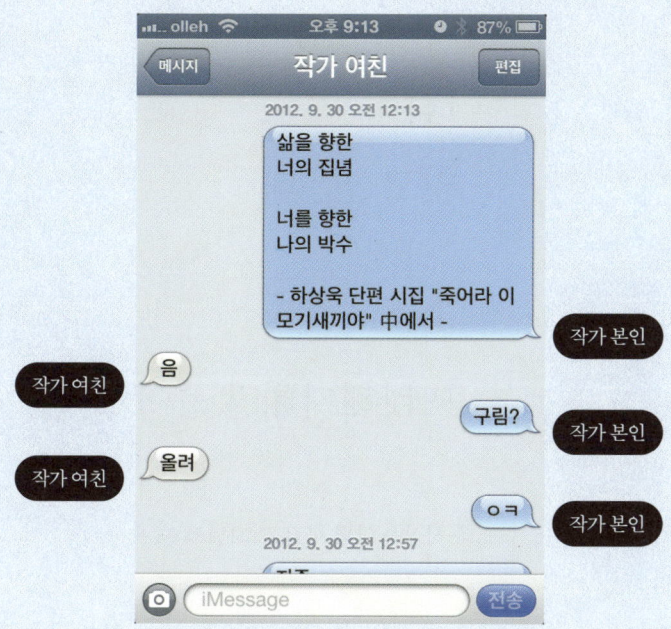

"닥쳐"

"닥쳐"

"닥치고 내 말 들어"

-하상욱 단편 시집 '여친님 말씀' 中에서-

그리고
그곳엔

아무도
없었다

-하상욱 단편 시집 '약속시간약속장소' 中에서-

어제
다르고

오늘
다르고

- 하상욱 단편 시집 '온수조절' 中에서 -

남

일은

참

쉽지

-하상욱 단편 시집 '그린 라이트' 中에서-

웃는게
웃는게

아니야

-하상욱 단편 시집 '이모티콘' 中에서-

〈리트윗이 인용보다 좋은 언어학적 이유〉

RT는 한타로 가서. QT는 바서.

꼭
솔직한 것도

꼭
거짓인 것도

-하상욱 단편 시집 '니가 제일 예뻐' 中에서-

왜
미안해하니

참
좋은일인데

-하상욱 단편 시집 '청첩장' 中에서-

내일 헤어질 수도
내일 청혼할 수도

있는 것이 연애죠

왠지
멋져보여

괜히
달라보여

-하상욱 단편 시집 '교포2세' 中에서-

용건만

간단히

-하상욱 단편 시집 '구취' 中에서-

궁금하고
기대돼

너희들의
내일이

-하상욱 단편 시집 '옆 테이블 소개팅' 中에서-

아닌데?

맞는데?

- 하상욱 단편시집 '쌩얼' 中에서 -

백날 웃겨주면 뭐하나

맨날 울리는 놈한테 가겠지

연애의 결론이
결혼이 아니라

연애의 과정에
결혼이 있기를

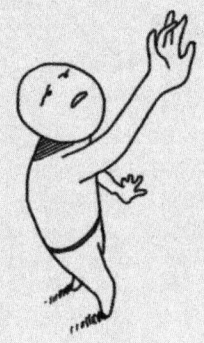

잡힐 듯

잡힐 듯

- 하상욱 단편 시집 '3D영화' 中에서 -

내면을
바라봐

외모에
속지마

-하상욱 단편 시집 '덜 익은 삼겹살' 中에서 -

이건
너무 얌전해

이건
너무 과감해

- 하상욱 단편 시집 '노래방 선곡' 中에서 -

착하게
살았는데

우리가
왜 이곳에

- 하상욱 단편 시집 '지옥철' 中에서 -

작을땐
예뻤는데

크니까
딴판이네

- 하상욱 단편 시집 '프로필 사진' 中에서 -

저는 글을 쓰고 있는 사람입니다.

제발 글 말고 제 외모를 봐주세요!

제가 긴 글을 얼마나 싫어하냐면,

긴 게 싫어서 키도 안 컸습니다.

제가 무거운 글을 얼마나 싫어하냐면,

무거운 게 싫어서 살도 안 쪘습니다.

너를
잡은손

놓지
않을래

- 하상욱 단편 시집 '스마트폰' 中에서 -

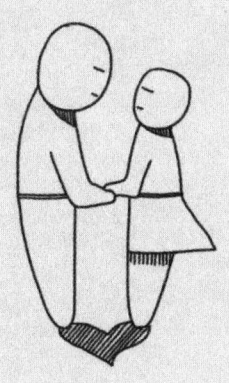

소유할수
없기에

포기할수
없는너

- 하상욱 단편 시집 '품절' 中에서 -

너무
아름다운 너

너무
평범했던 나

- 하상욱 단편 시집 '사이즈 품절' 中에서 -

조금만
속일게

조금은
속을게

- 하상욱 단편 시집 '중고거래' 中에서 -

그렇게
서로에게

맞추며
채워가며

- 하상욱 단편 시집 '시럽' 中에서 -

서두르니까

서투른거야

자주
온다고해놓고

막상
그게잘안돼요

- 하상욱 단편 시집 '즐겨찾기' 中에서 -

인정
하기에도

부정
하기에도

- 하상욱 단편 시집 '칭찬' 中에서 -

니깟
녀석

두번
다신

-하상욱 단편 시집 '수능' 中에서-

No 페인

No Gain

딴
세상

먼
얘기

- 하상욱 단편 시집 '이벤트 당첨' 中에서 -

바쁘다는
핑계로

대충대충
하지마

- 하상욱 단편 시집 '카드를 다시 대 주세요' 中에서 -

니가없는
나는

생각하기
싫어

- 하상욱 단편 시집 '비비크림' 中에서 -

니
생각에

잠
못이뤄

- 하상욱 단편 시집 '출근' 中에서 -

이력서에 뭘 쓰지...?

이력써.

보나
마나

뻔한
얘기

- 하상욱 단편 시집 '이용약관' 中에서 -

그녀와
있지만

마음은
너에게

- 하상욱 단편 시집 '페이스북' 中에서 -

첫사랑은 그립고

끝사랑은 고맙고

가끔은 술보다

새벽이 문제다

쉬운
이별이

어디
있겠니

- 하상욱 단편 시집 '가입해지' 中에서 -

다
잊은거니

왜
말이없니

- 하상욱 단편 시집 '돈 안 갚는 친구' 中에서 -

반가
웠어

그뿐
이야

- 하상욱 단편 시집 '소개팅' 中에서 -

필요
없어

잘라
버려

- 하상욱 단편 시집 '간주점프' 中에서 -

어제 같은
오늘

오늘 같을
내일

- 하상욱 단편 시집 '방학기간' 中에서 -

짧은
만남은

시간
낭비야

- 하상욱 단편 시집 '승차거부' 中에서 -

끝날듯

끝날듯

- 하상욱 단편 시집 '노래방 서비스' 中에서 -

좋은
일이네

잘된
일이네

- 하상욱 단편 시집 '쏴' 中에서 -

지친다
너

질린다
너

- 하상욱 단편 시집 '요즘 감기' 中에서 -

해야
되는데

해야
했는데

- 하상욱 단편 시집 '효도' 中에서 -

인기는 영원히 머물지 않아요.

인기 가요.

안된다
하기전에

최선을
다해봤니

- 하상욱 단편 시집 '역에서 5분 거리' 中에서 -

근질

근질

- 하상욱 단편 시집 '비밀' 中에서 -

공감은

보통 사람들의 특권

난 특별해.

딱 너만큼.

안
좋은 척

안
기쁜 척

- 하상욱 단편 시집 '택배 받을 때' 中에서 -

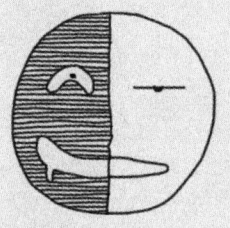

고생

끝

관계

끝

- 하상욱 단편 시집 '조별과제 끝' 中에서 -

니가
밀어냈듯이

너도
밀려나겠지

- 하상욱 단편 시집 'LTE' 中에서 -

진심어린 충고는 보약.

근데, 아픈 사람에게 보약 주면 돌팔이.

듣기 좋은 말 = 하기 힘든 말

듣기 싫은 말 = 하기 쉬운 말

전부
다

모두
다

- 하상욱 단편 시집 '뭘 잘못했는데?' 中에서 -

꼭
온다더니

또
속인거니

- 하상욱 단편 시집 '지구종말' 中에서 -

아무
일도없던듯이

언제
그랬냐는듯이

- 하상욱 단편 시집 '작심삼일' 中에서-

저 보면 신기해요?

전 그게 신기해요.

사실 저는 정치가 꿈입니다.

조정치

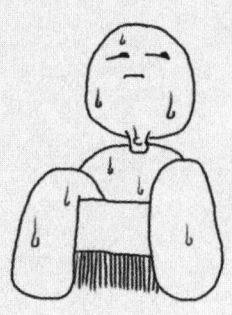

힐끔

힐끔

- 하상욱 단편 시집 '미터기' 中에서 -

당연히
내곁에

있을줄
알았어

- 하상욱 단편 시집 '건강' 中에서 -

찾고
싶어

나의
모습

- 하상욱 단편 시집 '단체사진' 中에서 -

넌 변했어.

좋게.

마오: 연아를 이기고 싶다
연아: 연아를 이기고 싶다

같은 목표를 가진 두 사람

똑같은
걸

뭐하러
또

- 하상욱 단편 시집 '셀카표정' 中에서-

예전엔 아프면

못 놀까봐 걱정

이제는 아프면

일 놓까봐 걱정

돌이킬
수도

되돌릴
수도

- 하상욱 단편 시집 '택 제거' 中에서-

골
아파

너
땜에

- 하상욱 단편 시집 '전기장판' 中에서-

꿈을
이룰 순 없다해도

꿈을
잃을 순 없으니까

심심해?

서울 시봐

작가본인:
자, 우리 잘잘못을 따져보자.

작가여친:
자, 우선 잘못했다 빌어보자.

감히
내앞에서

니가
그런말을

- 하상욱 단편 시집 '시험 망쳤어' 中에서 -

니가
문제일까

내가
문제일까

- 하상욱 단편 시집 '신용카드' 中에서-

넌
아니기를

넌
다르기를

- 하상욱 단편 시집 '같은 방향' 中에서-

나
이제는

막
살거야

- 하상욱 단편 시집 '지름신' 中에서 -

본 레거시 보다

본래 것이 좋다

특별한 우리 아이들을

평범하게 만들기 위해

돈을 들이는게 아닐까

사생활이
없네

사생활이
없어

- 하상욱 단편 시집 '야근' 中에서 -

잘나간다
이거냐

인기있다
이거냐

- 하상욱 단편 시집 '세일 제외 상품' 中에서 -

지옥철은 몸이 힘들고

지각철은 맘이 힘들고

니가 남들과 공감을 못 하는
이유가 뭐 줄 알아?

특별해서 그래.

모든 게 노력 덕분이라고 해 버리면,

같이 수고한 너의 재능은 뭐가 되니?

착각 좀 하지마.

넌 재능 있으니까.

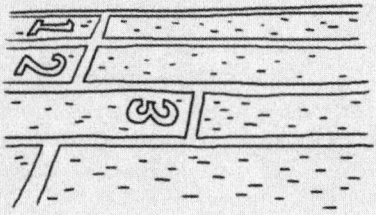

시작점이
달라

우리랑은
달라

- 하상욱 단편 시집 '우선예약' 中에서-

공감이라는 건

인생의 교집합

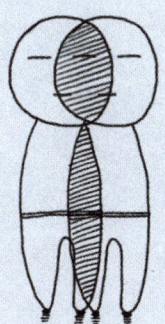

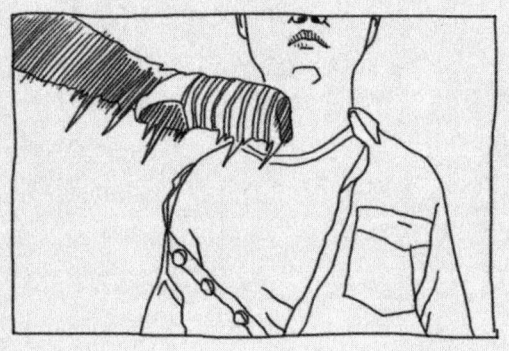

-공감-

재밌지 않나요?

엄청나게 많은 사람들이 '금요일 같은 목요일'을 보내고,
대한민국 사람 절반이 '하트 보내기'의 미묘함을 느끼며
일주일에 몇 번씩 '왜 내 앞 사람만 안 내리지'하고 생각한다는 게.

가치관, 종교관, 정치관이 다르다고 서로 날을 세우던 우리가
이런 사소한 감성을 함께 공유하며 같은 글을 읽고 빵~ 터졌다는 게.
별 것 아닌 작은 이야기에서 더 큰 공감을 나눌 수 있다는 게.

싸우려고 하면 누구와도 싸울 수 있구요
공감하려 하면 누구와도 나눌 수 있어요

예전에 전 싸우기 좋아하는 사람이었지만, 이제는 나누는 게 좋네요.
계속 함께 나눴으면 합니다. '서울 시'에서도 SNS에서도.

"서울 시도 시냐?"고 무시하지 마세요.

마음만은 '특별 시'예요.

작가의 말

〈땡스 투...〉

땡스 땡스

서울 시

초판 1쇄 2013년 2월 10일
　　47쇄 2024년 7월 26일

지은이 | 하상욱

발행인 | 박장희
대표이사 겸 제작총괄 | 정철근
본부장 | 이정아
편집장 | 조한별

기획위원 | 박정호

마케팅 | 김주희, 이현지, 한륜아

발행처 | 중앙일보에스(주)
주소 | (03909) 서울시 마포구 상암산로 48-6
등록 | 2008년 1월 25일 제2014-000178호
문의 | jbooks@joongang.co.kr
홈페이지 | jbooks.joins.com
네이버 포스트 | post.naver.com/joongangbooks
인스타그램 | @j__books

ⓒ 하상욱, 2013

ISBN 978-89-278-0409-3 03810

값 9,800원

- 이 책은 저작권법에 따라 보호받는 저작물이므로 무단 전재와 무단 복제를 금하며 책 내용의 전부 또는 일부를 이용하려면 반드시 저작권자와 중앙일보에스(주)의 서면 동의를 받아야 합니다.
- 책값은 뒤표지에 있습니다.
- 잘못된 책은 구입처에서 바꿔 드립니다.

중앙북스는 중앙일보에스(주)의 단행본 출판 브랜드입니다.